글 김성화·권수진

부산대학교에서 생물학, 분자생물학을 공부했습니다. 《과학자와 놀자》로 창비 좋은어린이책 상을 받았습니다. 첨단 과학은 신기한 뉴스거리가 아니라 물리 법칙으로 가능한 과학 세계의 이야기라는 것을 들려주려고 '미래가 온다' 시리즈를 쓰기 시작했고, 지금까지 《미래가 온다, 로봇》, 《미래가 온다, 나노봇》, 《미래가 온다, 뇌 과학》, 《미래가 온다, 바이러스》, 《미래가 온다, 인공 지능》, 《미래가 온다, 우주 과학》, 《미래가 온다, 게놈》, 《미래가 온다, 인공 생태계》, 《미래가 온다, 미래 에너지》가 출간됐습니다.
《고래는 왜 바다로 갔을까?》, 《과학은 공식이 아니라 이야기란다》, 《파인만, 과학을 웃겨 주세요》, 《우주: 우리우주에 무슨 일이 있었던 거야?》, 《지구: 넓고 넓은 우주에 기적이 하나 있어》, 《뉴턴》, 《만만한 수학: 점이 뭐야?》 등을 썼습니다.

그림 최미란

서울시립대학교에서 디자인과 일러스트레이션을 공부했습니다.
그린 책으로 '삼백이의 칠일장' 시리즈, 《글자 동물원》, 《겁보만보》, 《슈퍼 히어로의 똥 닦는 법》, 《저승사자에게 잡혀간 호랑이》, 《수궁가》, 《집, 잘 가꾸는 법》, 《돌로 지은 절 석굴암》 등이 있습니다.

미래가 온다

서기 10001년

와이즈만 BOOKs

미래가 온다 서기 10001년

1판 1쇄 발행 2020년 11월 10일 | 1판 5쇄 발행 2024년 4월 24일

글 김성화 권수진 | 그림 최미란 | 발행처 와이즈만 BOOKs | 발행인 염만숙

출판사업본부장 김현정 | 편집 원선희 양다운 이지웅
기획진행 임형진 | 디자인 권석연 | 마케팅 강윤현 백미영 장하라

출판등록 1998년 7월 23일 제1998-000170 | 제조국 대한민국
주소 서울특별시 서초구 남부순환로 2219 나노빌딩 5층
전화 마케팅 02-2033-8987 편집 02-2033-8983 | 팩스 02-3474-1411
전자우편 books@askwhy.co.kr | 홈페이지 books.askwhy.co.kr | 사용연령 8세 이상
ISBN 979-11-87513-98-8 74500 979-11-87513-57-5(세트)

ⓒ 2020, 김성화 권수진 최미란 임형진
이 책의 저작권은 김성화, 권수진, 최미란, 임형진에게 있습니다.
저자와 출판사의 허락 없이 내용의 일부를 인용하거나 발췌하는 것을 금합니다.

잘못된 책은 구입처에서 바꿔드립니다.

와이즈만 BOOKs는 ㈜창의와탐구의 출판 브랜드입니다.
KC마크는 이 제품이 공통안전기준에 적합하였음을 의미합니다.

미래가 온다
서기 10001년

김성화·권수진 글 | 최미란 그림

이건 까마득히 먼,
멀고, 멀고, 멀고, 먼 미래의 이야기야.
네가 백만 번, 천만 번 죽은 다음의 이야기라고.
그러니 관심 없는 애는

아직 있어?

있다고?

그럼 좋아.

고글을 써!

우리는 미래로 갈 거야. 시시하게 100년, 500년, 1000년쯤 미래가 아니야. 자그마치 1만 년, 1억 년, 10억 년 뒤라고! 지구가 어떻게 변하더라도 겁먹으면 안 돼.
지구의 운명은 무시무시하지만 다행히 우리는 우리의 미래를 선택할 수 있어.
지구에서 멸종하거나 지구를 탈출하거나!

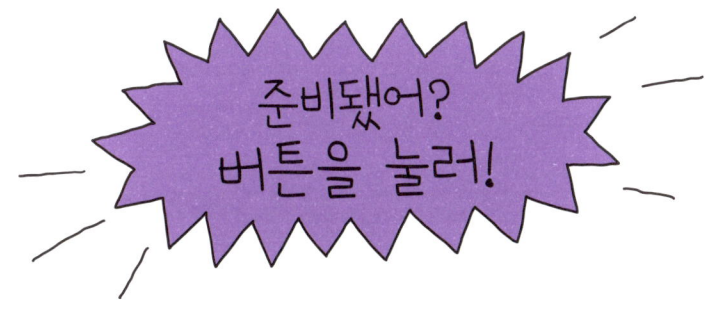

01 지구의 마지막이 정해져 있어! 9

02 태양 때문이야! 17

03 40도, 50도, 70도, 374도! 25

04 소행성이 온다 37

05 서기 10001년 지구 49

06 골디락스 행성을 찾아라! 63

07 외계 행성에 가는 획기적인 방법,
    레이저 포팅 77

08 초광속 비행 93

09 행성 개조하기 103

10 서기 30001년,
    인류는 어디에 있을까? 117

01 지구의 마지막이 정해져 있어!

지구가 왜 이래?

지구가 뜨거워.

생쥐보다 커다란 동물들은 모두 멸종해 버렸어.

"뭐라고?"

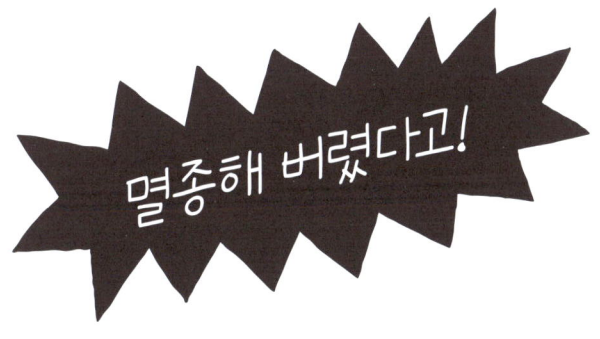

멸종해 버렸다고!

"사람도?"

지구를 탈출하지 못했다면 당연히!

지구가 점점 점점 뜨거워져.

지구가 미쳤나 봐.

첨단 과학의 힘으로도 지구에 닥쳐올 재앙을 도저히 막을 수 없어!

먼먼 미래의 어느 날 식물이 사라져.

동물이 사라져.

지구의 온도는 매일매일 50도를 오르내릴 거야.

끈적끈적 세균들만 지구에 붙어 있을걸.

바다도 슬금슬금 우주로 날아가 버려.

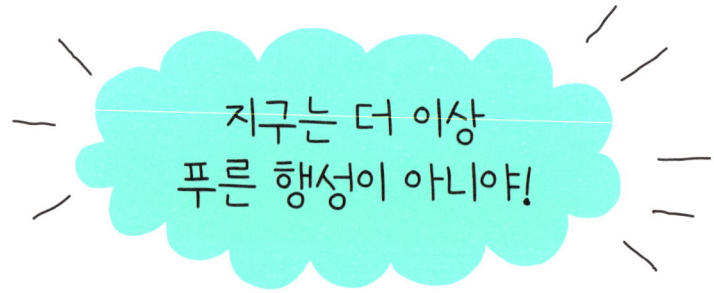

과학자들이 밝혀내기를, 지구는 46억 년 전에 태어나서 74억 년쯤 뒤에 우주에서 사라질 예정이야. 그런데 지구의 일생 중에 동물과 식물이 살 수 있는 기간이 정해져 있다는 거야. 조금밖에 안 돼!

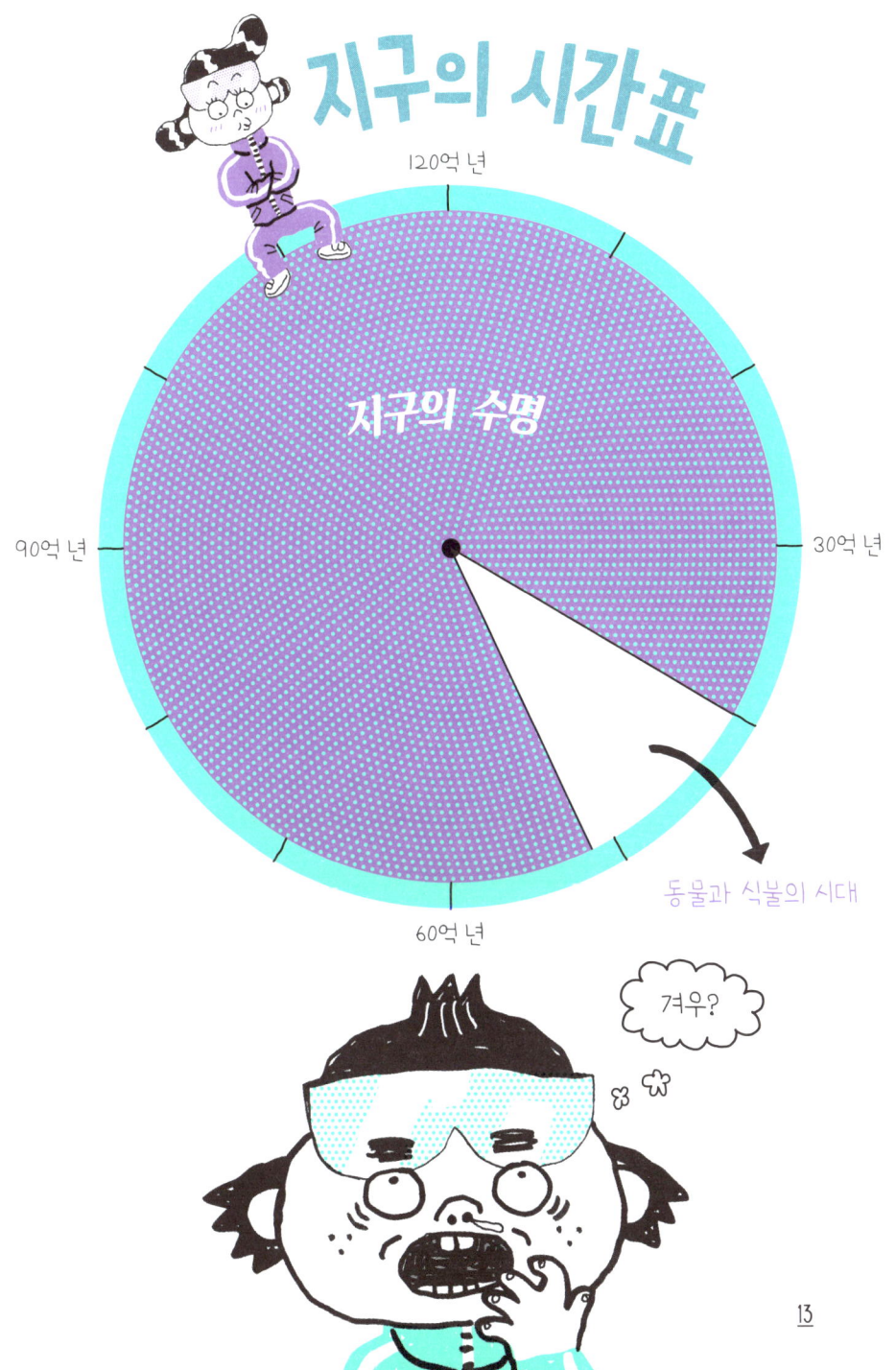

과학자들이 컴퓨터로 머나먼 지구의 미래를 계산해 보았어.

소행성이 지구에 충돌할 확률	99퍼센트
무시무시한 빙하 시대가 닥칠 확률	99퍼센트
식물이 사라질 확률	100퍼센트
산소가 사라질 확률	100퍼센트
동물이 사라질 확률	100퍼센트
물과 바다가 사라질 확률	100퍼센트

지구가 우주에서 영영 사라질 확률 99퍼센트

"지구에 왜 이런 일이 닥치는 거야?"
알고 싶어?
그건 지구 때문이 아니야. 지구에서 1억 5000만 킬로미터나 떨어진 곳에서, 우주 공간을 가로질러 지구를 주무르는 거대한 물체가 있다고. 바로바로 저 —— 기에!

02

태양 때문이야!

휘! 거대한 행성 지구의 미래를 겨우 사람이 어떻게 알 수 있겠어.
그런데도 알아. 그건 바로바로 태양 때문이야.

지구의 운명이 태양에 달려 있어!

태양은 단순하고 심플해.
태양은 거대하고, 거대하고, 거대하지만, 그래봤자 거대한 수소 덩어리일 뿐이야!
태양의 재료는 한 가지야. 수소 원자가 수없이 모이고, 모이고, 모이고, 모이고, 모이고, 모여서 지구보다 백만 배쯤 거대해진 게 바로바로 태양이야.

태양이 어떻게 될까?

거대한 수소 덩어리가
어떻게 될지
물리 법칙으로 예측할 수 있어!

태양이 점점
뜨거워지고, 밝아지고,
커지고 있어!

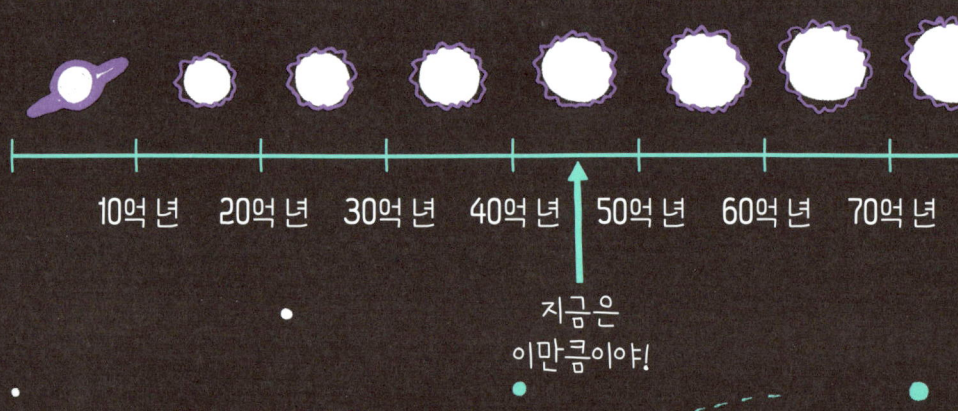

10억 년　20억 년　30억 년　40억 년　50억 년　60억 년　70억 년

지금은
이만큼이야!

태양은 매일매일 1초 동안 수소 6억 3500만 톤을 태우며
타오르고 있어. 태양이 점점 밝아지고 커져.
64억 년쯤 지나면 태양이 2배로 커져.

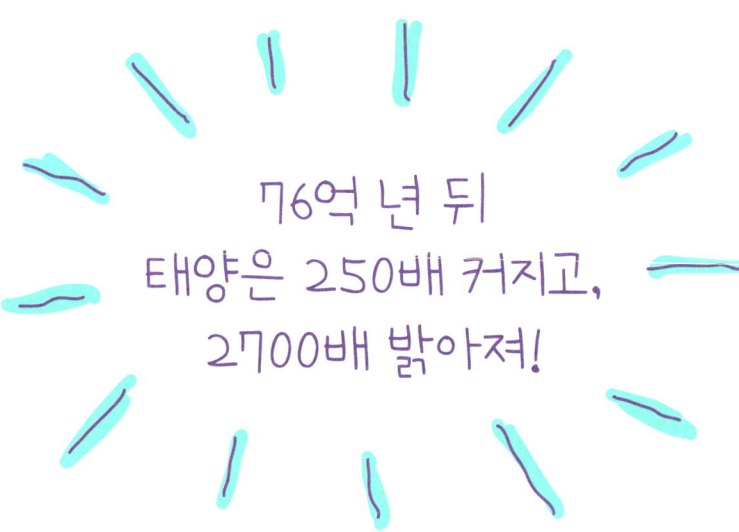

76억 년 뒤
태양은 250배 커지고,
2700배 밝아져!

거대한 태양이 하늘을 뒤덮고 지구 코앞에서 이글거려.
무시무시한 태양의 열기가 지구를 덮쳐.
산들이 모두 녹아내려.
마침내 지구가 흐물흐물 죽이 되고 연기가 돼.
지구가 태양 속으로 증발해 버려!

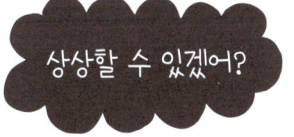

하지만 그렇게 되기 훨씬 훨씬 전에 벌써 지구에 무시무시한 일이 닥쳐와. 6억 년쯤 후에 지구에 무슨 일인가 일어나. 눈으로 볼 수도 없고, 냄새도 나지 않고, 소리도 들리지 않지만 놀라운 일이 벌어질 거야. 점점 점점 슬그머니 무언가가 줄어들어. 사라져 버려!

03

40도
50도
70도
374도!

태양이 점점 점점 뜨거워져서 지구가 점점 더 뜨거워져.
지구가 뜨거워져서 이산화 탄소가 사라져!
"무슨 소리야? 이산화 탄소는 점점 많아지고 있잖아.
지구 온난화 이야기도 못 들었어?"
맞아. 지금은 이산화 탄소가 많아서 세상이 시끌시끌해.
하지만 6억 년쯤 뒤에는 태양이 커져서 지구가 훨씬
뜨거워지고, 공기 중에 이산화 탄소가 사라져.
이산화 탄소가 사라지면 정말 큰일이야.
"왜?"
식물이 살 수 없어.
식물에게는 햇빛과 이산화 탄소와 물이 꼭 필요해.
6억 년 후에도 햇빛은 넘쳐날 거야. 물도 있고. 하지만
이산화 탄소는 점점 사라져!

이산화 탄소가 어디론가 가 버려!
"어디로?"
바닷속으로!
이산화 탄소는 지금도 바다로 가고 있어. 빗물에 녹아 바다로 가. 바닷속에서 조개껍데기가 되었다가 광물 알갱이와 결합해 바닥에 차곡차곡 쌓여 석회암이 돼.
이산화 탄소는 오래오래 석회암 속에 갇혀 있다가 바닷속에 지진이 일어나고 화산이 폭발할 때 도로 땅 위로 올라와 공기 중으로 흩어져. 그렇게 이산화 탄소가 돌고 돌아.
하지만 지구가 점점 더워지면 문제가 생겨. 땅 위로 올라오는 이산화 탄소보다 바닷속으로 사라지는 이산화 탄소가 훨씬 더 많아져!
"왜?"
지구가 뜨거워지면 물이 너무 많이 증발해서 비가 많이 와. 공기 중에 이산화 탄소가 빗물에 녹아 바다로 가!

지구의 대기에서
이산화 탄소가
모두
사라져!

이건 차례로 쓰러지는 도미노 게임과 비슷해.
"도미노 게임 좋아!"
아니, 이건 슬픈 도미노 게임이라니까!
이산화 탄소가 사라져!

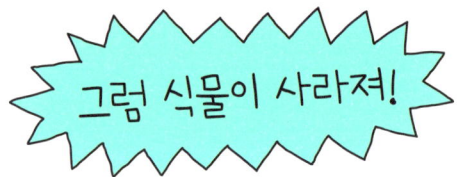

식물이 사라져?

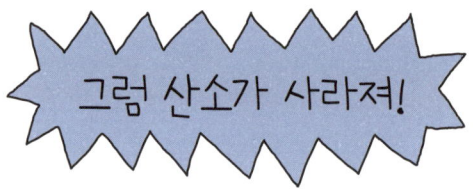

산소가 사라져?

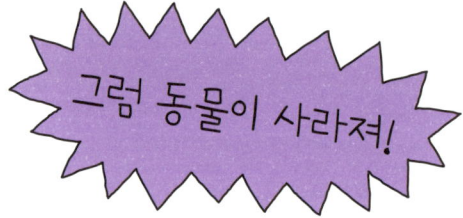

하지만 아직도 끝이 아니야.

땅 위의 흙도 사라져!

들판의 흙도 모두 비와 바람에 씻겨 바다로 떠내려 가.

지구에는 식물이 하나도 없어. 흙을 붙잡아 주던 식물의 뿌리가 모두 사라지기 때문이야.

흙은 바다 깊숙이 가라앉고 땅은 사막이 돼.

지구가 더 빨리 더워져.

지구의 온도가 마구 올라가.

40도
41도
42도
43도
44도
45도 ← 45도는 동물이 살아갈 수 없는 온도야. 몸속 세포가 파괴되기 시작해.
50도
51도
52도
60도
⋮
⋮

10억 년 후가 되면
지구가
70도가 돼.
바다가
스멀스멀
증발하기

이제 바다에 무시무시한 일이 일어나.
하늘로 수증기가 마구마구 솟아올라.
수증기가 지구에 가득 차.
수증기는 이산화 탄소보다도 더 강력한 온실 기체야.
수증기가 지구를 데우고, 지구는 점점 더 빨리 뜨거워져.
먼 훗날 지구의 온도는 374도를 넘게 될 거야.
"374도?"
그건 물이 절대로 절대로 액체로 있을 수 없는 온도야.
지구의 물이 모두 우주로 날아가!

거대한 소행성이 로켓보다 빠르게 지구에 충돌해!

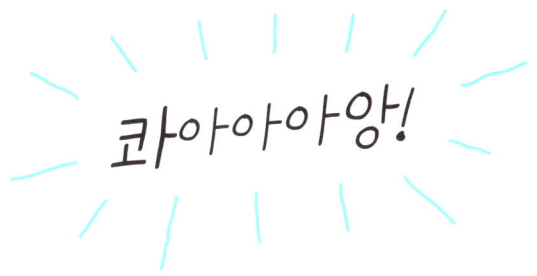

전 세계에 있는 핵폭탄을 한꺼번에 터뜨린 것보다 훨씬 더 강력하고 무시무시한 일이 벌어져.
물론 그런 일은 아직 뉴스에 난 적도 없고, 너도 소행성의 폭격을 당해 보지 않았어. 너의 할머니의 할머니의 할머니도 소행성을 본 적 없고, 너의 자손의 자손의 자손도 소행성이 지구에 충돌하는 걸 볼 일이 없을지 몰라.
"뭐야, 그럼 걱정할 게 없잖아!"
아니! 6500만 년 전에 그런 일이 일어났어. 커다란 소행성이 지구에 떨어져 육지의 공룡들과 바다와 하늘의 거대한 파충류가 모두 멸종해 버렸어.
"나도 알아!"
공룡을 멸종시킬 만큼 커다란 소행성이 또 지구에 떨어질지 몰라!

지구 밖은 총알과 미사일이 날아다니는 거대한
우주 전쟁터 같아. 소행성 미사일과 혜성 미사일이 슝슝
날아다니고 있어!

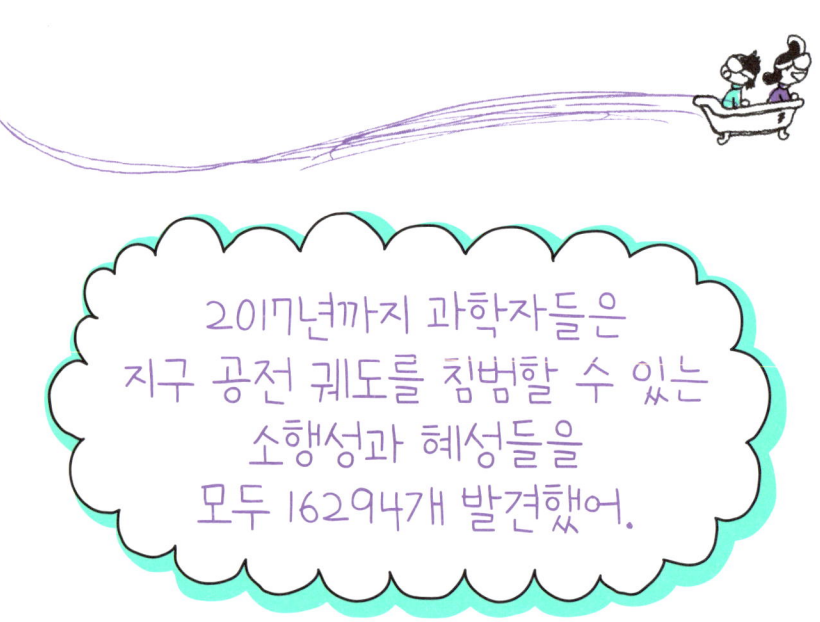

2017년까지 과학자들은
지구 공전 궤도를 침범할 수 있는
소행성과 혜성들을
모두 16294개 발견했어.

"16294개?"
이건 그냥 망원경에 잡힌 것만 세어 본 거야. 아직
망원경으로 보지 못한 것들이 얼마나 더 있을지 과학자들도
몰라.

칼 세이건 박사는 소행성 충돌을 걱정하며 이렇게 말했어.
'소행성은 반드시 지구에 충돌해요! 언제인지는 몰라요!'
"어떡해, 그럼!"
소행성 전문가가 더 필요해. 소행성을 관측하고 궤도를
계산할 소행성 전문가가 많아야 해.
그런데 과학자들조차 별과 블랙홀과 외계 행성만을
연구하려고 해서, 소행성 연구는 자꾸만 뒤로 미뤄지고 있어.

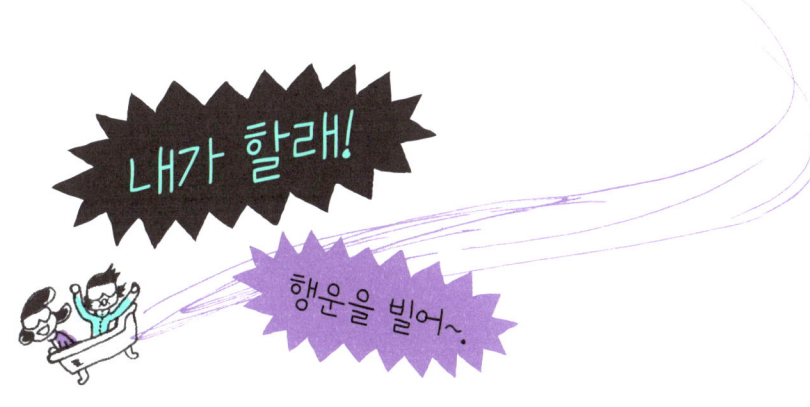

소행성 전문가들은 수많은 역사 자료를 뒤지고, 하늘을
관측하고 있어. 크고 작은 소행성들이 얼마나 자주 지구에
떨어지는지 계산해 보는 중이야.

"소행성이 언제 다시 오는지 알아냈어!
3500만 년 남았어!"
소행성이 그렇게 계산대로 딱딱 맞춰 떨어지면 얼마나
좋겠어?
하지만 그게 아니야.
소행성이 다시 또 떨어지는 건 1억 년 뒤일 수도 있고 100년
뒤일 수도 있어.

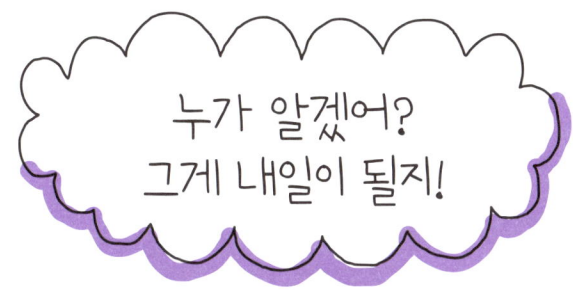

바다에 소행성이 떨어지면 더 무시무시한 일이 일어나.
"왜?"
태평양에 거대한 소행성이 떨어진다면 태평양의 물이 몇 분 만에 모두 끓어올라. 뜨거운 수증기가 지구를 덮고 지구는 몇 시간 만에 수백 도가 넘는 찜통이 될 거야. 지구가 순식간에 멸균 처리 돼.
지구에는 세균 한 마리도, 곰팡이 한 개도 남지 않아!
하지만 소행성이 오는 걸 알아챈대도 인류는 시간이 너무 없어.

2002년에 축구장만큼 커다란 소행성이 달 옆을 지나갔어. 과학자들은 겨우 12일 전에야 그걸 발견했다고!

"헐!"

12일 동안 인류가 무얼 대비할 수 있겠어?

지금은 서기 10001년 빙하 시대야!
두꺼운 얼음 벌판이 땅을 뒤덮었어.
칼바람이 무시무시하게 몰아쳐.
땅 위엔 먹을 게 하나도 없어. 풀 한 포기, 바퀴벌레
한 마리도 끔찍한 추위에 사라졌어.
인류는 땅을 파고 거대한 지하 도시를 건설했어.
태양을 보려면 땅 위로 올라가야 해!
가끔 엘리베이터를 타고 땅 위 세계로 올라가 얼음 벌판
너머로 태양이 가라앉는 걸 구경해.

10001년 어느 날…

10000년 후쯤에 지구는 얼음에 뒤덮여!
지구가 뜨거워지는 건 훨씬 더 미래의 일이고, 그전에 먼저 빙하기가 닥친다는 말이야.
"빙하기가 온다고?"

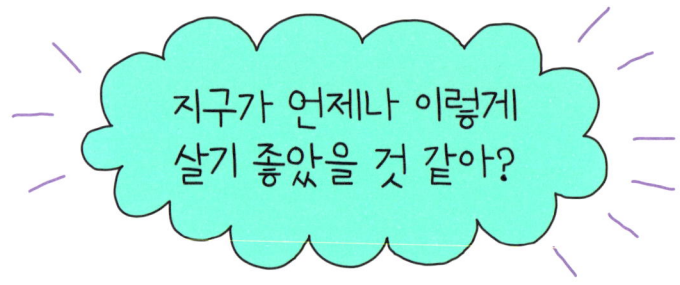

아니, 지구는 불안해. 지구는 오래전에 여러 번 얼어붙었어!
"정말?"
처음 태어났을 때 지구는 불덩이처럼 뜨거웠어.
그다음에는 식었고, 그다음에는 얼어붙었고,
그다음에는 따뜻했고, 그러다가 또 추워졌고,
그러다가 따뜻해졌고, 그러다가 또 빙하에 덮였고, 그러다가 다시 따뜻해졌어.
그러다가 또 빙하 시대가 닥쳤어.
지금부터 250만 년 전에!

빙하 시대는
아직도
끝나지 않았어!
**지금도
빙하
시대야!**

"무슨 말이야! 이렇게 따뜻한데!"

그건 빙하 시대 중간 중간 따뜻한 시기가 있기 때문이야. 기나긴 빙하 시대 동안에도 아주 추운 빙하기와 따뜻한 간빙기가 여러 번 오고 갔어. 빙하기와 빙하기 사이에 끼어 있다고 **간빙기**라고 불러.

지금 우리가 따뜻하게 지내는 건 지금이 바로 간빙기이기 때문이야. 하지만 따뜻한 간빙기는 곧 끝이 날 거야. 다시 춥고 추운 빙하기가 시작돼!

"그걸 어떻게 알아?"

먼 옛날의 일을 보고 미래의 일을 추측할 수 있어. 과학자들이 남극의 얼음을 뚫어 3킬로미터가 넘는 기다란 얼음 막대 샘플을 캐냈어. 거기에 오래된 지구 날씨의 비밀이 숨겨져 있었어!

"정말?"

얼음 막대 속에 오래전 지구의 공기가 갇혀 있어!
얼음이 얼 때 그 속에 공기가 갇혀서 작은 거품이 된 거야.
얼음 막대 제일 아래쪽에 가장 오래된 얼음층이 있고, 그
위로 한 해 한 해 얼음이 쌓였어. 얼음층마다 공기 거품이
수없이 들어 있어. 그걸로 오래전 지구가 추웠는지
따뜻했는지 알아내.
그건 아주아주 복잡하고 어려운 일이야. 얼음층마다 수천 개
공기 거품을 끈질기게 분석해서, 얼음층이 생길 때의 대기
온도를 계산해야 하거든.
수천 개 공기 거품 속에 있는 수만 개 원자들의 성분과 양과
특징을 꼼꼼하게 분석해야 해.
볼래? 과학자들이 기다란 얼음 막대 속에서 읽어 낸 지구의
비밀이야!

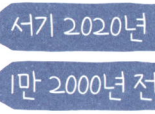

기나긴 빙하 시대 동안
18번 긴 빙하기와
17번 짧은 간빙기가 지나갔어.

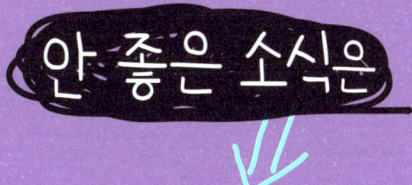
안 좋은 소식은

18번째 간빙기가 끝날 때가
다가오고 있다는 거야!

우리가 살고 있는 간빙기는 1만 2000년 전에 시작되었고, 1만 2000년 동안의 이야기가 바로 인류 문명의 역사야. 농사를 짓고, 도시를 건설하고, 돈과 글자를 발명하고, 제국을 세우고, 수많은 예술 작품과 발전기와 자동차를 만들었어. 컴퓨터와 로봇을 만들고 로켓을 쏘아 올렸어! 모두 빙하기와 빙하기 사이에 끼어 있는 짧은 간빙기 시대에 일어난 일이야. 따뜻한 간빙기여서 가능했던 일이지.

과학자들은 1만 년쯤 후에 간빙기가 끝나고 다시 빙하기가 찾아올 거라고 추측하고 있어. 250만 년 동안 그랬던 것처럼 말이야.

인간이 일으킨 지구 온난화는 빙하기가 오는 걸 몇 백 년 늦출 수 있을지 모르지만 영영 막을 수는 없어!
빙하기가 닥치면 파리와 뉴욕과 베이징과 서울까지 3킬로미터가 넘는 두꺼운 얼음에 뒤덮이고, 세상에서 가장 높은 빌딩도 얼음과 눈에 파묻혀 버려. 기후가 건조해지고 광대한 빙하의 남쪽에는 거대한 사막이 생겨나. 농사지을 땅과 숲이 사라져. 수많은 동물과 식물들이 멸종하고 동식물의 숫자가 1000분의 1, 10000분의 1로 줄어들 거라고 과학자들이 예상하고 있어.
인류는 어떻게 될까?
인류가 지구에서 계속 살아갈 수 있을까?

06 골디락스 행성을 찾아라!

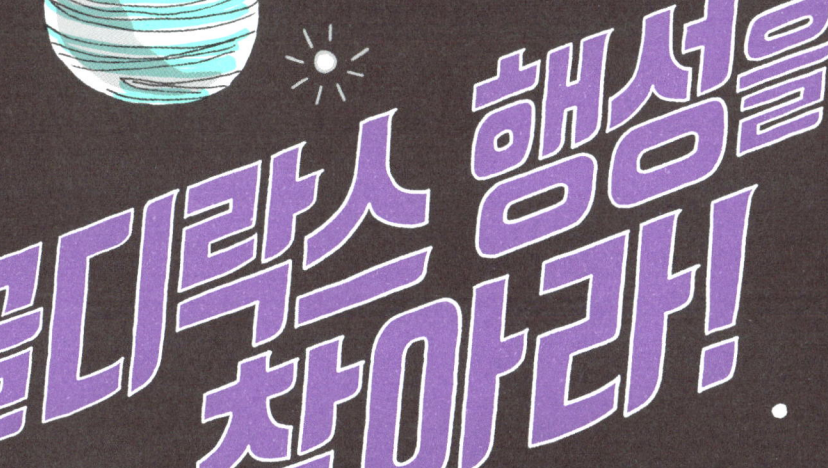

"골디락스 행성이 뭐야?"
과학자들이 찾아 헤매는 지구형 행성이야.
전래 동화 〈골디락스와 곰 세 마리〉에 나오는 미지근한 수프처럼,
너무 뜨겁지도 않고 너무 춥지도 않은 행성을 찾아야 돼.
아직 시간이 있어. 100년도 아니고 1000년도 아니고 10000년 동안 인류가 무엇을 발명할지, 무엇을 발견할지 어떻게 알겠어.
100년 전에만 해도 과학자들은 우주에 지구와 닮은 행성이 있을 거라고 생각하지 못했어.

골디락스 행성을 찾아서…

과학자들은 2015년에 드디어 골디락스 행성을 찾았어.
지구에서 1400광년 떨어져 있는 케플러 452b 행성이야.
거기엔 어쩌면 물이 있을지 몰라. 그렇다면 그건 정말로
굉장한 소식이야.
우주에서 물이 있는 행성을 찾기는 너무 어려워.
이상도 하지. 우주에는 물이 별로 없어!
물은 수소와 산소로 되어 있고, 수소와 산소는 우주에서
첫 번째와 세 번째로 많은 원소인데 물이 없다니!
"왜 그런 거야?"
우주에 물이 있기는 있어. 그런데 액체로 된 물이 없어. 너무
춥거나 너무 뜨거워서 물이 얼음이나 수증기로 존재해.
과학자들은 표면이 물로 된 바다가 있는 행성을 찾으려고
드넓은 우주를 뒤지고 있어.
지구처럼 액체로 된 바다가 있으려면 세 가지 조건을 갖춰야
해!

첫째

별에서 너무 멀지도 않고 너무 가깝지도 않아야 해.

둘째

중력이 너무 작아도 안 돼!

셋째

단단한 땅이 있어야 해!

지구는 세 가지 조건에 딱 맞아.

지구는 태양에서 멀지도 가깝지도 않아.

태양에 가까우면 물이 부글부글 끓어 수증기가 되어 버리고, 강력한 태양풍에 수증기가 날아가 버려. 태양에서 멀면 물이 모두 얼어 버렸을걸.

지구의 중력이 너무 크지도 않고 너무 작지도 않아서 정말 다행이야.

만약에 지구가 지금보다 훨씬 작았다면, 중력도 작아서 물이 우주로 날아가 버렸을 거야.

그리고 지구에는 단단한 땅이 있어!

그 위에 바다가 얹혀 있어!

우주에 지구와 비슷한 행성이 있을까? 지구와 중력이
비슷하고, 육지가 있고, 액체 물이 있는 외계 행성!
과학자들은 첨단 전파 망원경으로 외계 행성을 찾고 있어.
태양계와 비슷한 행성계를 찾아 지구형 행성을 찾으려고 해.
별이 한 개 있고, 별과 적당한 거리에 있고, 중력이 적당하고,
단단한 땅이 있어서 생물이 살 수 있는 행성 말이야.
과학자들은 태양계가 평범한 행성계이고, 우주에 태양계와
같은 행성계가 많을 거라고 생각했어.
그런데 아니었어. 태양보다 훨씬 작고 어두운 별을 도는
행성계, 별이 두 개 또는 세 개인 행성계, 아무 별도 돌지
않는 떠돌이 행성들, 별별 괴짜 행성계가 있었어.

별 가까이 도는
거대한 암석 행성

여러 개 별을 공전하는 행성

별에 너무 가까이 붙어 있어서
1년이 겨우 며칠뿐인 행성

끝없이 기다란 타원을
그리며 도는 행성

엄청난 물로 뒤덮인 바다 행성

아무 별도 돌지 않는
떠돌이 행성도 있었어!

이 중에 골디락스 행성이 있을까?
과학자들은 태양계와 비슷한 곳만 관심을 두지 않고 괴짜 외계 행성계들을 모두 조사해.
놀라지 마!

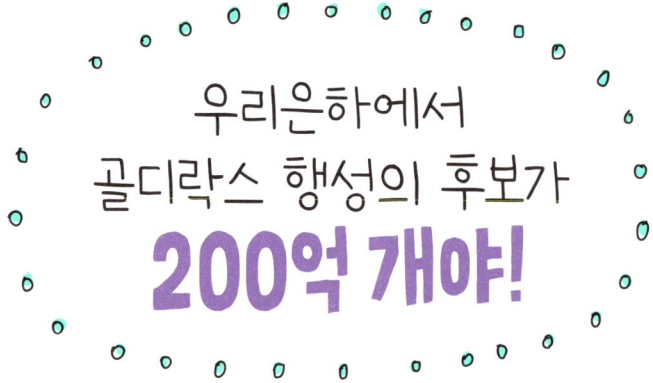
우리은하에서 골디락스 행성의 후보가 200억 개야!

"헐! 그렇게 많아?"
많아! 지구와 크기가 비슷하고 온도도 적당해서 액체 물이 흐르고 있을지도 모르는 행성이 우리은하에 이렇게 많아.

"200억 개를 모두 조사해 봤어?"

"아니, 아직은 대부분 발견도 하지 못했어."

"그럼 뭐야!"

"과학자들이 추측한 숫자야. 은하 안에 별이 몇 개 있는지, 그중에 행성을 거느린 별이 몇 개 있는지, 그중에서 지구처럼 별과 딱 맞는 거리에 행성이 있을 확률은 얼마인지 계산해서 추측하는 거야."

"헐!"

"그중에서 몇 개는 정말로 찾았어!"

"정말?"

골디락스 행성 목록

케플러 452b

지구에서의 거리: 1400광년
크기: 지구의 1.6배
공전 주기: 385일
중력: 지구의 2배

너무 멀어! 빛의 속도로 1400년을 가야 해!

프록시마b

지구에서의 거리: 4.2광년
크기: 지구의 1.3배
공전 주기: 11.2일

지구에서 가장 가까운 외계 행성이야!

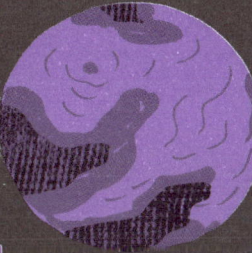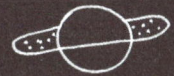

"외계 행성에 가 보고 싶어!"
어디로 갈까?
지구에서 가장 가까운 외계 행성이 좋겠어!

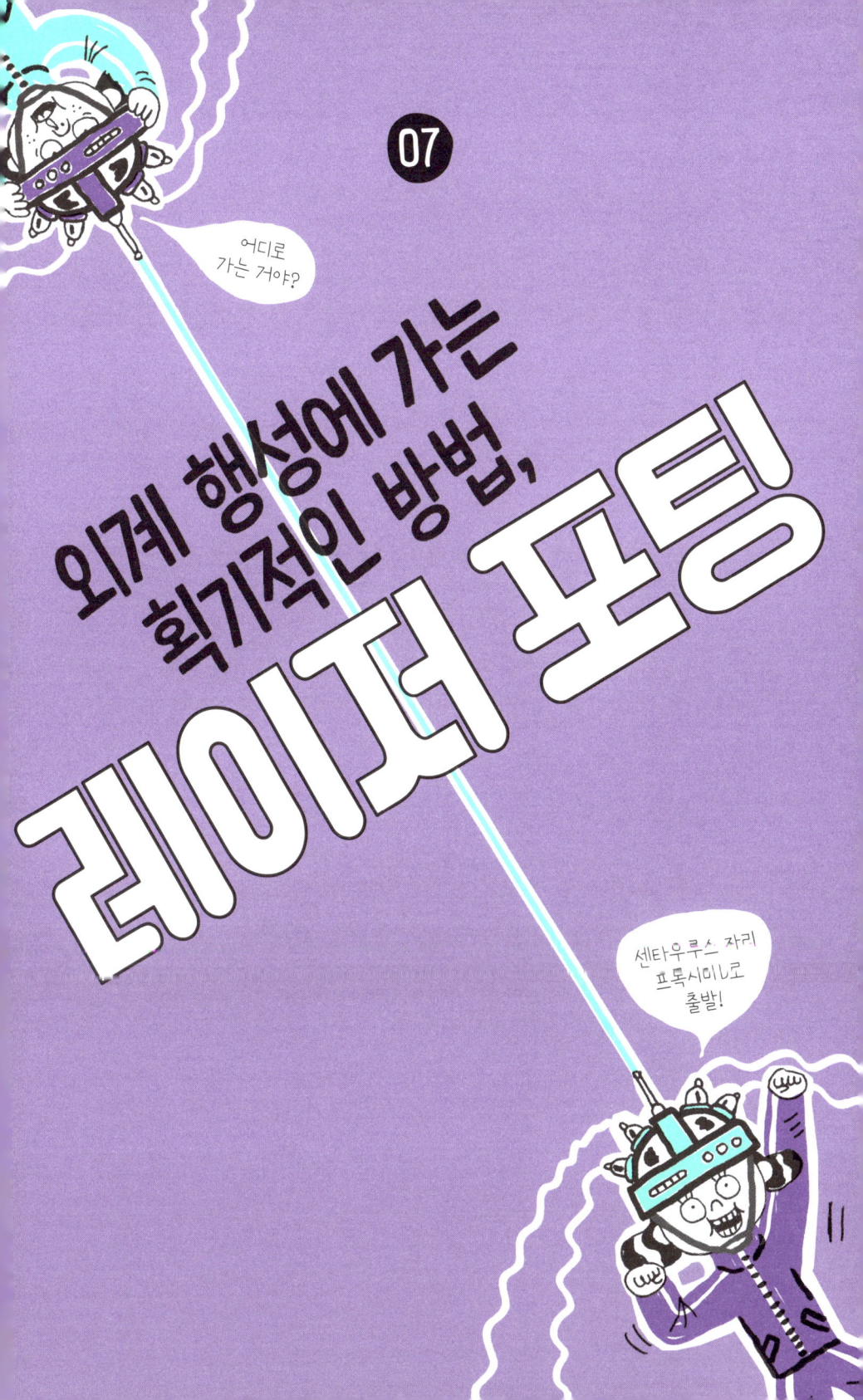

부디 행운을 빌어 줘.

우리는 무척 운이 좋아야 하거든.

"왜?"

기나긴 우주여행 동안 소행성이나 운석과 충돌하지 않을 만큼 운이 좋아야 해. 우주 공간에는 크고 작은 바위들이 시속 수만 킬로미터로 누비고 다닌다고.

우주 바위와 충돌해서 우주선에 구멍이 뚫린다면!

으…… 생각만 해도 끔찍해!

아무튼 우리는 지금까지 만든 우주선 중에 가장 빠른 우주선을 타고 시속 14만 킬로미터로 날아가고 있어.

"우아!"

놀라긴! 그래 봤자 빛의 속도의 7000분의 1밖에 안되는걸.

외계 행성으로 가는 첫 번째 방법은 우주선의 진로를 지구에서 가장 가까운 외계 행성 프록시마b에 맞추고 냉동 상태로 잠을 자는 거야!

준비 됐어?

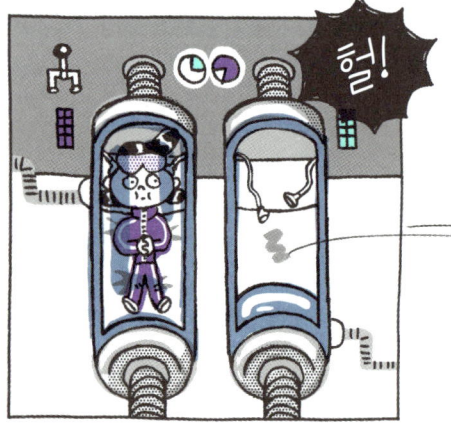

"말도 안 돼. 너무 오래 걸려!"

그러게 말이야. 멀어도 너무 멀어!

외계 행성이 우주에 아무리 많아도 문제는 외계 행성이 너무 멀리 있다는 거야.

프록시마b는 지구에서 가장 가까운 외계 행성이고 대부분 외계 행성들은 그보다 몇 백 배, 몇 천 배 더 멀리 있어.

있어!
냉동 상태로 19000년 동안 잠을 자는 게 싫다면 우주선 안에서 결혼을 해!
"뭐야! 너랑? 말도 안 돼!"
과학자들이 정말로 이 방법도 진지하게 검토하고 있어.
먼저 엄청나게 커다란 우주선을 준비해야 해. 남자와 여자 비행사들과 어마어마한 식량과 가축을 실어. 하지만 그전에 과학자들이 노화를 극복하는 방법을 찾을 수 있다면 더 좋을 거야. 500년쯤 살 수 있게 말이야.
우주선 안에서 아이를 낳고, 아이가 자라 또 아이를 낳고, 또 낳고, 낳고, 낳고……. 마침내 19000년 뒤에 태어난 아이들이 그곳에 도착하는 거야.
"헐!"

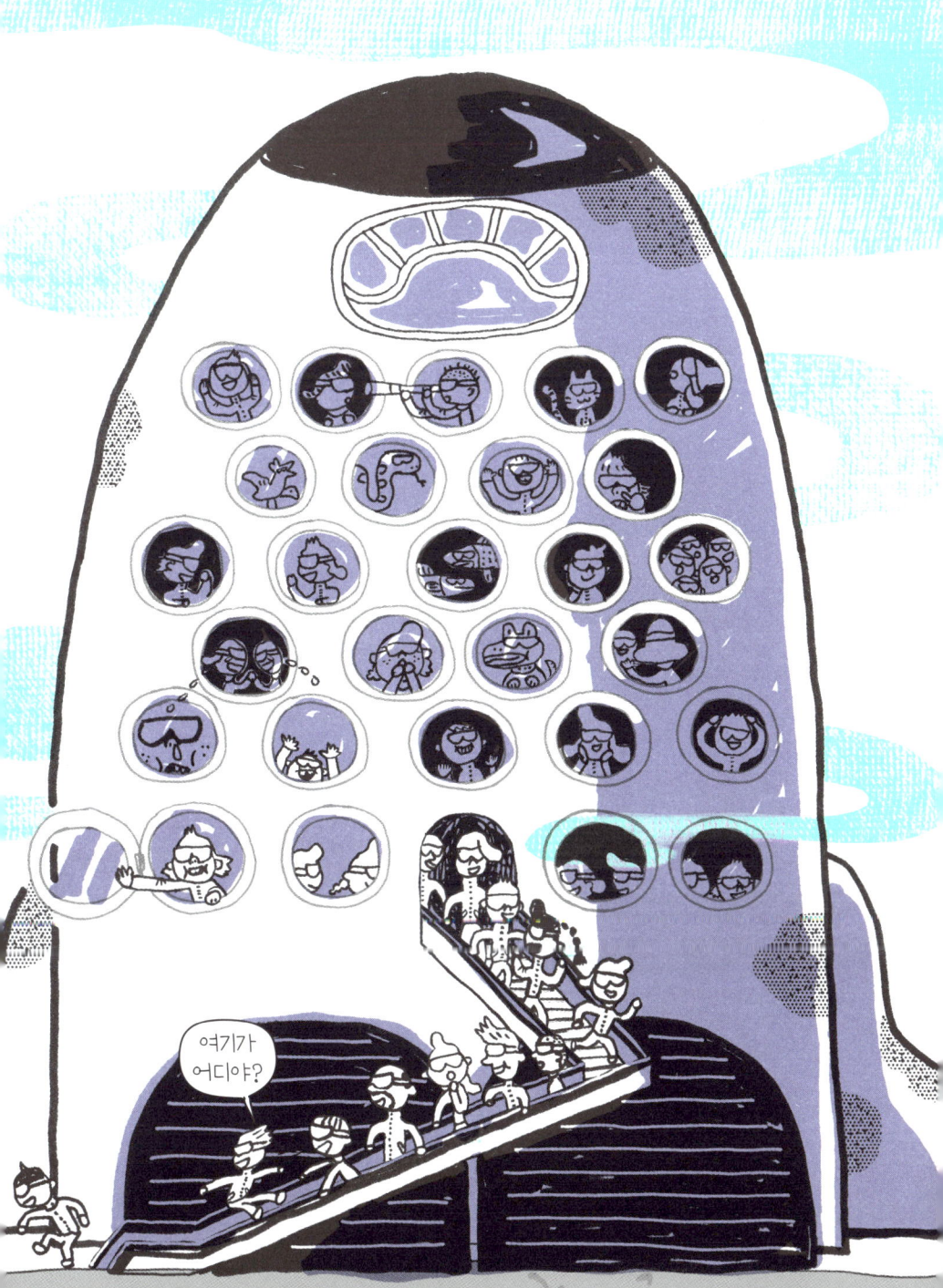

과학자들이 획기적으로 빠른 램제트 우주선을 연구하고 있어. 램제트 우주선은 무거운 연료 로켓을 우주선에 실을 필요가 없어. 거대한 깔때기로 우주 공간에 있는 수소를 빨아들여 연료로 쓰는 거야. 수백만 도까지 수소를 가열해 핵융합 반응을 일으켜.

램제트 우주선으로 1년 동안 항해하면 빛의 속도의 77퍼센트까지 도달할 수 있고, 지구에서 200만 광년 떨어진 안드로메다 은하의 별까지도 겨우 23년 만에 갈 수 있어! 하지만 아직은 상상 속의 우주선이야.

어쩌면 우주 공간에 수소가 충분히 없을지도 모르고, 있다고 해도 수소를 모을 깔때기가 어마어마하게 커져야 해. 지름이 몇 만 킬로미터가 될지 모른다는 추측도 있고, 적어도 몇 백 킬로미터는 되어야 한다는 계산도 있어. 이렇게 거대한 깔때기를 달고 무사히 기나긴 여행을 마칠 수 있을까?

문제를 극복할 수 있다면 램제트 우주선은 가까운 미래에 실현될 수 있는 가장 뛰어난 우주선 1위 후보가 될 거야.
"빨리 성공하면 좋겠어!"
우주로 가는 더, 더 놀라운 방법이 있어.
거추장스러운 깔때기도, 아니 우주선도 필요 없어.
우주선은 버려!

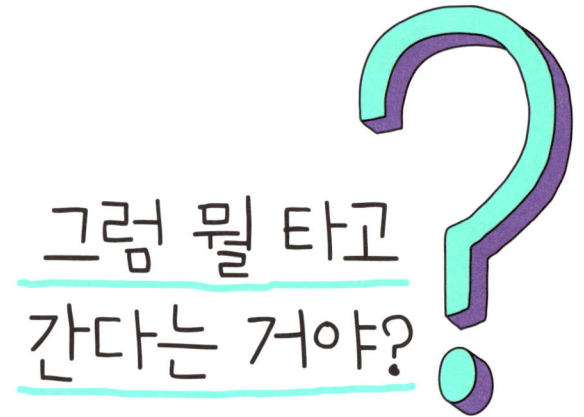

"레이저 광선에 올라탄다고? 누가? 내가?"
물론 몸은 거기에 올라탈 수 없어. 대신 마음과 정신과 기억이 레이저 광선에 올라타는 거야.
"헐! 그게 가능해?"
가능해.
우주선이 없어도 돼. 인간의 정신과 마음과 기억과 성격……. 뇌의 모든 정보를 레이저 광선에 실어 우주로 쏘아 보내는 거야. 레이저 광선은 빛의 속도로 달리고, 2초 만에도 달에 갈 수 있어. 몇 백 년 뒤 뇌의 비밀이 밝혀지고 인간의 커넥톰이 분석된다면 가능한 이야기야.
"커넥톰? 그게 뭐야?"
아직도 안 읽었어? '미래가 온다' 시리즈 3권 《뇌 과학》에서 말했잖아!
커넥톰은 과학자들이 알아내려는 완벽한 뇌 회로도야. 뇌의 모든 신경망 정보 말이야. 미래에는 인간의 커넥톰을 디지털 정보로 바꾸어서 레이저 광선에 실어 보낼 수 있어!

상상해 봐.

너의 커넥톰이 레이저 광선을 타고 외계 행성에 도착해. 외계 행성의 수신 기지에는 슈퍼컴퓨터가 대기하고 있어. 이제 너의 의식이 컴퓨터 속에서 서서히 되살아나. 마음, 정신, 성격, 기억이 모두 너와 똑같아.

그러니까 그건 바로 너야!

하지만 외계 행성의 컴퓨터 속에서 평생 살고 싶진 않겠지? 걱정 마. 로봇이 대기하고 있어. 컴퓨터 속 너의 커넥톰이 로봇의 뇌로 옮겨져. 로봇 아바타야!

로봇 아바타는 강하고 튼튼해. 외계 행성에 산소가 없어도, 외계 행성이 너무 뜨겁거나 너무 추워도, 중력이 너무 강해도 너무 약해도 문제 없어!

멋진 아바타로 바꿔 줘!

레이저 포팅이 언제쯤 가능할까?
과학자들은 레이저 포팅이 인류가 머나먼 우주로 갈 수 있는 가장 획기적인 방법이라고 생각하고 있어.

1905년에 아인슈타인은 어떤 물질도 빛보다 빨리 달릴 수 없다는 걸 증명했어. 어떤 우주선도 빛보다 빠르게 갈 수 없어.
하지만 정말 방법이 없을까?
과학자들이 궁리를 했어.

흠……
흠……
오오오앗!

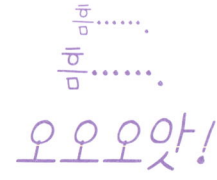

빛보다 빨리 갈 수 없다면 공간을 당기면 돼!

"공간을 당긴다고?"
그렇다니까. 공간을 당겨서 별까지 거리를 줄여!

우주선이 별까지 날아가는 게 아니라 별이 있는 공간이 우주선을 향해 다가오는 거야!

"헐! 그게 가능해?"

가능해. 과학자들이 연구하고 있다니까!

이런 걸 상상해 봐.

네가 거실 이쪽에 있어. 저쪽에는 의자가 있고 바닥에는 카펫이 깔려 있어.

네가 의자와 가까워지려면 어떻게 해야 해?

"너무 쉽잖아. 내가 의자로 가면 되지."

방법이 하나 더 있어!

의자와 가까워지는 놀라운 방법

카펫을 잡아당기면 의자가 너에게로 와. 카펫이 우글우글 접히면서 너와 의자가 가까워져.

바로 그렇게 우주선이 별에 닿는 거야. 공간을 슬쩍 당겨서 말이야.

우주선이 달리지 않아도, 공간이 접혀서 빛보다 빠르게 별에 닿을 수 있어! 이건 어떤 물체도 빛보다 빠르게 달릴 수 없다는 아인슈타인의 상대성 이론에 어긋나지 않고 별에 갈 수 있는 굉장한 방법이야.

바로바로 **워프 드라이브**야!

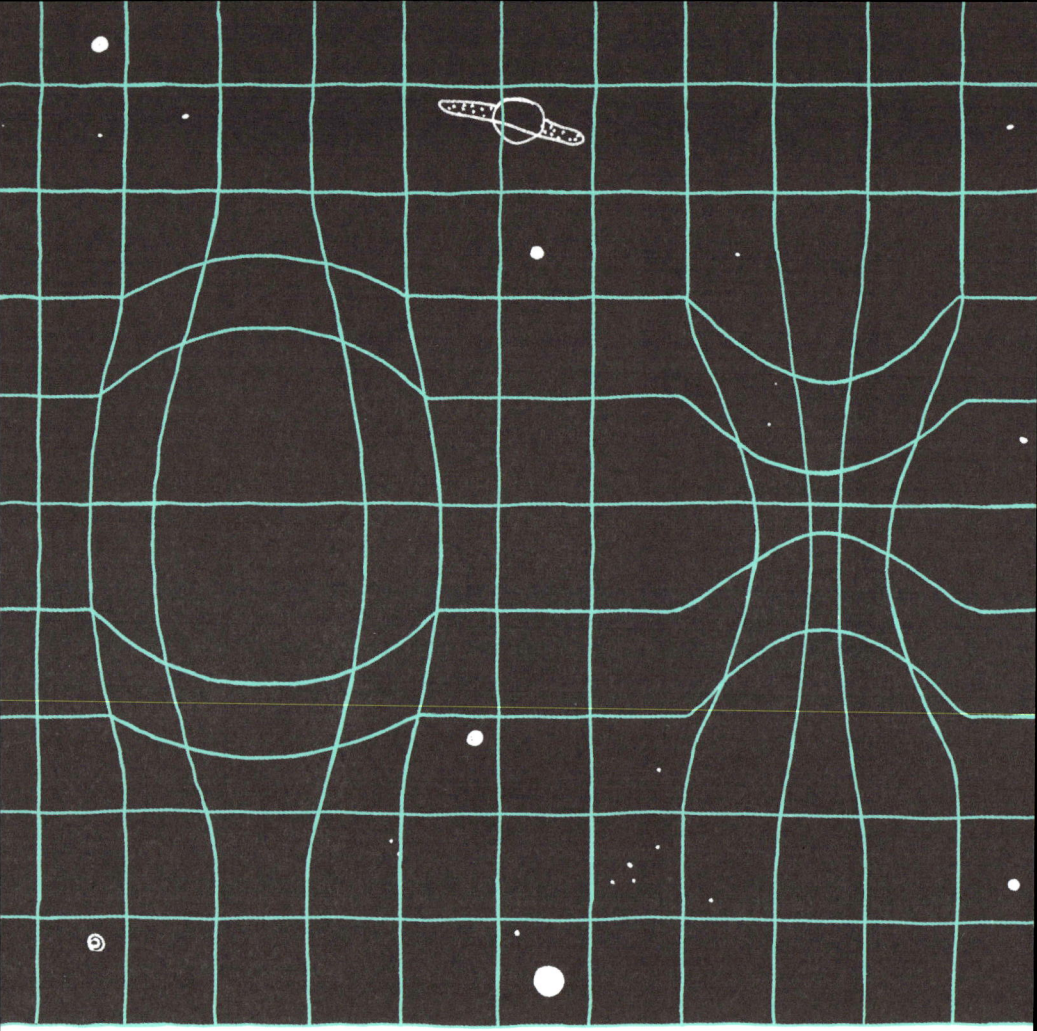

워프 드라이브가 실현된다면 가장 가까운 별까지 2주 만에 갈 수 있어!

"정말?"

그렇다니까! 하지만 공간을 접으려면 어마어마하고, 어마어마하고, 어마어마한 에너지가 필요해. 그게 어마어마한 숙제야. 과학자들이 암흑 에너지라고도 하고 음의 에너지라고도 부르는 미지의 에너지를 찾는다면 가능할지 몰라.

공간을 줄여서 빛보다 빠르게 가는 방법이 또 하나 있어.
우주 공간에 숨어 있는 지름길을 이용하는 거야. 바로바로
웜홀이야. 지금 과학자들이 웜홀을 찾고 있어.
"웜홀이 어떻게 생겼어? 어디에 있어?"
그건 아마 블랙홀 속에 있을 거야. 어쩌면 우주 공간에 웜홀
구멍이 수없이 숨어 있을지도 모르고.
만약 웜홀을 발견한다면 조심해야 해. 까딱하다간 그 속에
갇혀 버릴 거야. 웜홀은 눈깜짝할 사이에 열렸다 닫혀 버릴
거거든.
우주선이 지나갈 동안 웜홀이 열려 있도록 조종하려면
상상도 할 수 없는 어마어마한 에너지가 필요해. 하지만
우주선이 무사히 웜홀을 통과할 수 있을지는 과학자들도
장담하지 못해.
정말로 웜홀이 존재하고 그걸 조종할 수 있다면, 웜홀은
빛보다 빠르게 우주를 여행할 수 있고
시간 여행도 가능하게 해 줄 마법의 통로가 틀림없어!

웜홀은 이렇게 생겼어.

빛보다 빠르게 갈 수 있는 방법을 실현하지 못한다 해도 인류는 반드시 우주로 떠날 거야. 구식 로켓을 타고서라도 말이야.

09 행성 개조하기

바로 여기, 지구에서 1억 7800만 킬로미터 떨어진 곳에
화성이 있어!
여기에 큐리오시티가 일하고 있어.
"그게 누군데?"
로봇!
큐리오시티는 2012년에 화성에 도착했어.
무게는 900킬로그램이고 소형차만 한 크기야.
화성의 모래 먼지를 뒤집어쓰고, 기다란 로봇 팔과 모니터와
카메라와 여러 가지 분석 장비와 방사선 검출기를 달고, 바퀴
6개로 굴러다녀.
큐리오시티는 화성을 탐사하고, 사진을 찍어 지구로 보내고
있어. 가끔은 셀카도 찍어.

지금은 탐사 로봇 몇 개가 화성에 착륙했을 뿐이지만 100년쯤 뒤에는 수많은 로봇 군단이 인간이 거주할 수 있도록 화성을 개조하고 있을 거야.

화성은 꽁꽁 얼어 있어.
낮에는 0도, 밤에는 영하 127도.
목표는 6도 올리기야!
"겨우?"
겨우가 아니야. 6도를 올리느라 어마어마한 돈을 쏟아부어야 해. 6도만 올려도 화성에 굉장한 일이 일어나.

화성의 북극과 남극에
두꺼운 얼음층이 있어.
그걸 녹여!
얼음이 녹으면
화성에
바다가 탄생해!

화성의 기온을 올릴 수 있을까? 어떻게 올릴까?
지구 반만 한 크기의 행성을 조금이라도 따뜻하게 만드는 게 가능할까?
"이불을 덮어! 거대한 이불!"
맞아. 공기가 이불이 될 수 있어.
화성에 공기를 갖다줘!

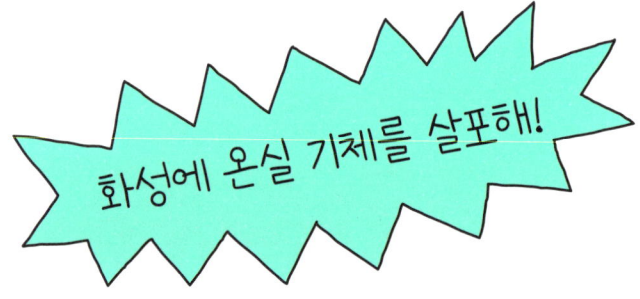

"이산화 탄소 말이야?"
온실 기체는 이산화 탄소 말고도 많아. 메탄, 암모니아, 수증기, 프레온 가스……. 모두 온실 기체야.
지구에서 온실 기체를 가져와!

아니, 시간이 너무 많이 걸릴 것 같아. 간신히 뿌려 놓은 온실 기체가 우주로 날아가 버릴까 걱정 돼.
그것보다 소행성의 궤도를 돌려 화성에 충돌시키는 게 좋겠어. 그 속에 암모니아와 수증기가 있거든.

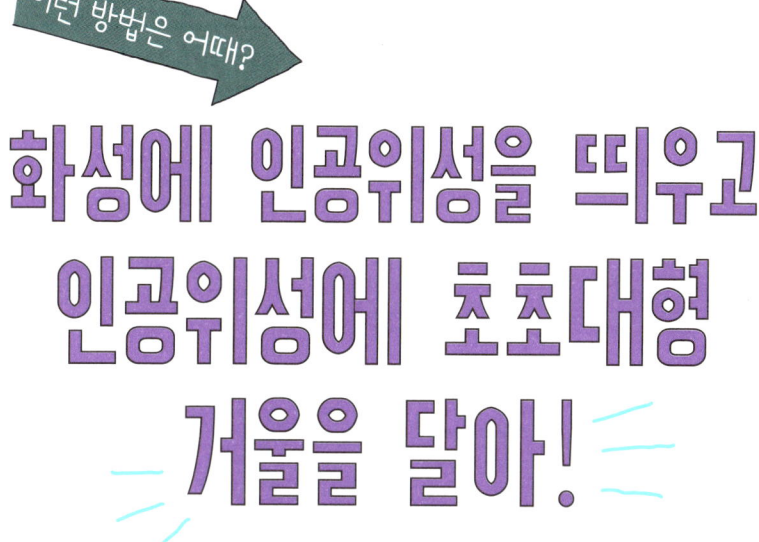

이런 방법은 어때?

화성에 인공위성을 띄우고 인공위성에 초초대형 거울을 달아!

"뭐 하려고?"
태양 빛을 화성의 북극과 남극으로 반사시켜 화성의 온도를 높여!
"멋질 것 같아!"

드디어 화성에 바다가 생겼어.
화성에 물이 흘러!
이제 두 번째 개조를 시작해야 해.

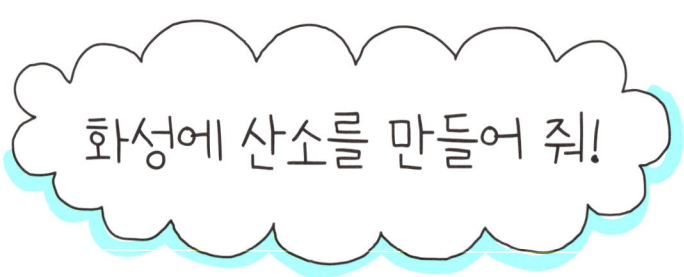

"산소를 뿌려?"
아니, 이제 화성 스스로 산소를 만들 수 있어야 해.
먼저 지구에서 광합성을 하는 세균과 조류를 화성으로
가져와 물웅덩이에 뿌려. 과학자들이 세균의 유전자를
변형해 화성에서 잘 살아갈 수 있도록 만들어 줄 거야.
광합성 세균은 물과 이산화 탄소와 햇빛이 있으면
어디에서건 광합성을 할 수 있어. 광합성을 하면 산소가 뿜뿜
나와!

로봇 드론 함대가 화성에
광합성 세균 캡슐을 살포해!

화성이 점점 지구를 닮아 가고 있어!
온실가스와 산소가 생겨서 화성의 기압이 차츰 높아져.
지금 화성의 기압은 지구의 100분의 1이야. 아직 공기가
너무너무 없어서 그래. 이런 곳에서 우주복을 벗었다가는
1초 만에 피가 부글부글 끓어올라.
하지만 이제 그럴 염려가 없어!

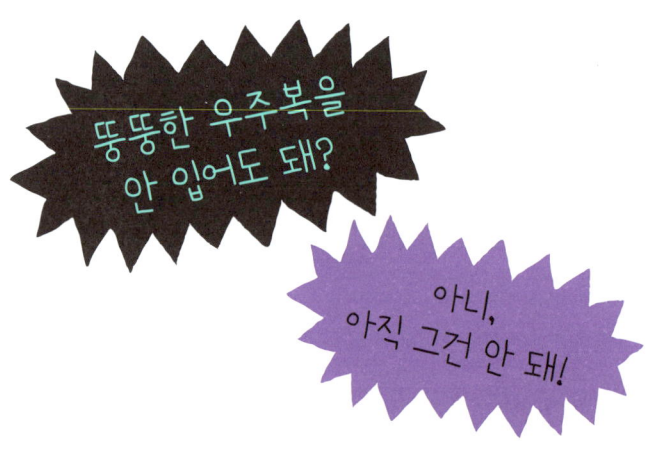

화성이 따뜻해지고, 산소가 생겨도 화성은 아직도 위험한
곳이야.

화성에는 자기장이 없어!

"그게 뭐야?"

지구가 커다란 자석이라는 말을 들어봤어?

"알아! 그래서 나침반을 쓸 수 있잖아!"

대단한데?

지구가 거대한 자석이 된 건 지구 속이 너무 뜨겁기 때문이야. 핵 속의 철이 모두 녹아 출렁거릴 만큼! 철이 녹고 지구 중심에서 출렁출렁 회전하며 자기장을 만들고 있어. 자기장이 지구를 둘러싸고 태양에서 날아오는 무시무시한 태양풍과 우주 방사선을 막아 줘. 그래서 지구는 안전해.

화성은 달라.
화성의 핵 속에는 순수한 철이 별로 없고, 그나마도 핵이 식어 버려서 자기장이 생기지 않고 자석이 되지 못해.
태양풍과 우주 방사선이 그대로 땅에 쏟아져.
화성에도 자기장을 만들어 주어야 해!

화성과 태양 사이에 인공 자기장 발생 장치를 설치해!

"빨리 화성에 갔으면 좋겠어!"
조금만 기다려. 똑똑하고 괴짜이고 대단한 사업가 엘론 머스크는 이렇게 말했어.
'크하하하, 나의 목표는 화성에 도시를 건설하는 것입니다!'
화성을 개척하고 나면 이제 인류는 더, 더 멀리 떠날 거야. 소행성을 탐사하고, 목성의 위성들과 토성의 위성을 탐사하고, 거주지를 건설하고. 마침내 외계 행성으로!
척! 척! 척!
로봇과 나노봇이 우리를 위해 우주를 탐험해. 로봇의 뒤를 이어 인간이 떠나. 지구로 영영 돌아올 수 없을지라도.

⑩ 서기 30001년, 인류는 어디에 있을까?

지구에 점점 위기가 닥치고 있어.

콜록! 콜록!

미세 먼지가 최악이야.

온실 기체가 늘어나고 지구가 점점 더워져.

빙하가 녹고, 바닷물의 수위가 올라가고, 바닷가 도시들이 물에 잠길 거야.

오존층에도 구멍이 뚫려. 강력한 자외선이 지구를 쬐.

강이 마르고, 숲이 사라지고, 초원이 사막으로 변해.

인구는 계속 계속 늘어나.

쓰레기도 넘쳐나고!

하늘도 바다도 오염되었어.

지구는 벌써 엉망이야!

"빨리 지구를 탈출해야겠어!"

하지만 이렇게 엉망인 지구가 다른 어떤 행성보다 더 안전해.
지구가 방사능으로 덮이고, 대기가 오염되고, 태풍과 지진과
가뭄과 홍수가 시시각각 닥쳐와도 지구는 어떤
외계 행성보다 안전할 거야. 어쩌면 지구를 떠나는 것보다
지구를 고치는 게 더 쉬울지 몰라.
그런데도 인류는 우주로 떠나!
"왜?"

상상 속에서…

인류는 날개 달린 말이 끄는 마차를 타고 태양에 가고,

대포알을 타고 슝~~ 달나라에 가고,

우주 함대를 조종해 은하 제국을 누벼!

그러더니 어느 날 정말로 지구 바깥으로 나갔어!

1969년에 우주 비행사들이 깜깜한 우주 공간을 사흘 동안 날아 달에 도착했어.
이제는 지구 바깥에 거대한 우주 정거장을 만들고 거기에 사람이 살고 있어!
머지않아 화성에도 갈 거야!
100년 뒤, 500년 뒤, 1000년 뒤에 인류는 어디에 있을까?
머나먼 미래에 우리는 무얼 하고 있을까?
무엇이 가능할까?
'그건 가능해요!'
'아니, 그건 영영 불가능해요!'
과학자들은 이제 예측할 수 있어. 영영 불가능한 일과 언젠가 가능한 일이 무엇인지 점점 알게 되었거든.
물리 법칙이 금지하지 않는다면 무엇이든 가능해!
시간 여행을 금지하는 물리 법칙은 없어. 공간 이동을 금지하는 물리 법칙도 없어. 텔레파시를 금지하거나 웜홀을 금지하는 물리 법칙도 없어!

미래에 인류는 빛의 속도로 우주로 퍼져 갈 거야. 상상을 초월할 어마어마한 에너지를 얻을 수 있는 방법을 알게 될 거거든. 그만한 에너지가 어디에 있는지 과학자들은 벌써 알고 있어.

"에너지가 어디에 있어?"

태양 속에!

태양이 핵융합 반응을 일으키며 막강한 에너지를 내뿜어! 하지만 태양의 어마어마한 에너지 중에서 겨우 100분의 1이 지구로 올 뿐이야. 지금 인류는 100분의 1의 100분의 1도 다 활용하지 못해.

"그럼 나머지는?"

그냥 우주로 날아가 버려.

"너무 아까워!"

아마 100년, 200년 후쯤에는 지구에 도달하는 태양 에너지를 거의 다 이용할 수 있게 될 거야. 그리고 1000년쯤 후에는 태양의 모든 에너지를 이용할 수 있게 될 거야!

우주 공간에 다이슨 스피어를 만들어!

다이슨 스피어는 한 겹으로 태양을 감싸는 초거대 구조물이야. 태양이 뿜어내는 에너지를 100퍼센트 흡수할 수 있어.

뭘로 만들어?

콘크리트보다 262만 배 강하고 탄소 나노 튜브보다도 강한 물질이라야 해.

태양의 에너지를
모두 활용할 수 있는
날이 오면
지구의 멸망도
피할 수 있어!

정말?

태양의 에너지를 얼마든지 쓸 수 있다면 이런 일들을 할 수 있어.

소행성이 다가와?

그럼 로켓을 발사해 소행성의 궤도를 옮겨.

지구 온난화라고?

그건 문제도 아니야. 온실 기체를 만들어 내는 화석 연료를 더 이상 쓰지 않을 거거든. 태양 에너지를 이용하면 돼.

빙하 시대가 닥쳐온다고?

땅 밑에 거대 지하 도시를 건설해.

태양이 커져서 지구를 삼킨다고?

지구를 옮겨! 태양에서 멀어지도록!

물론 대규모 우주 함대를 타고 지구를 떠날 수도 있어.

"우아!"

빛보다 빠른 초광속 여행은 인류의 마지막 숙제가 될 거야. 실현된다면 은하 제국이 건설돼!

머나먼 별이 있는 곳에, 수많은 외계 행성에 이제 지구인이 아니라 티가든인, 버나드인, 트래피스트인, 페가수스인, 큰곰자리인, 글리제581인이라 불리는 인류의 후손들이 살게 될 거야.

은하 제국 어디에선가 우주인들이 머나먼 고향 행성 지구에 관한 슬픈 전설을 듣고 있을지 몰라.

아니, 어쩌면 인류의 미래는 생각과 다를지도 몰라.
옛날 옛날 3억 년 동안 바다를 지배했던 삼엽충도,
2억 5000만 년 동안 지구를 지배했던 공룡도 멸종해 버렸어.
지금까지 지구에 살았던 모든 생명체 중에 99퍼센트가
멸종해 버렸어. 인류도 그럴지 몰라.
"아니, 다를 거야!"
그랬으면 좋겠어.
삼엽충도 공룡도 미래를 예측하고 대비할 수 없었지만,
인류에게는 운명을 바꿔 줄 과학이 있어.
만약에 공룡이 과학을 알았더라면, 2억 5000만 년 동안
우주를 연구했다면, 소행성이 충돌하기 전에 벌써 지구를
탈출했을지 몰라.
"푸하하! 그럼 외계 행성에 앉아 있는 게 인간이 아니라
사이보그 공룡인 거야?"
하하! 그럴지도!

뭐긴 뭐야.
인류의 미래지!

과학으로 인류는 지구의 운명에 맞서

무언가를 하게 될 것이다.

-미치오 카쿠-

참고 문헌

존 그리빈·메리 그리빈, 김웅서 역, 《빙하기》, 사이언스북스, 2006

팀 플래너리, 이한중 역, 《기후창조자》, 황금나침반, 2006

피터 워드, 도널드 브라운리, 이창희 역, 《지구의 삶과 죽음》, 지식의 숲, 2006

미치오 카쿠, 《불가능은 없다》, 김영사, 2010

미치오 카쿠, 박병철 역, 《미래의 물리학》, 김영사, 2012

크리스 임피, 박병철 역, 《세상은 어떻게 끝나는가》, 시공사, 2012

로버트 M. 헤이즌, 김미선 역, 《지구 이야기》, 뿌리와 이파리, 2014

닐 디그래스 타이슨, 박병철 역, 《스페이스 크로니클》, 부키 2016

찰스 울포스·아만다 헨드릭스, 《우리는 지금 토성으로 간다》, 처음북스, 2017

미치오 카쿠, 박병철 역, 《인류의 미래》, 김영사, 2019

미래가 온다 시리즈는 공상이 아닌 과학으로
미래를 배우는 어린이 과학 교양서입니다.

01 미래가 온다, 로봇
김성화·권수진 글 | 이철민 그림

02 미래가 온다, 나노봇
김성화·권수진 글 | 김영수 그림

03 미래가 온다, 뇌 과학
김성화·권수진 글 | 조승연 그림

04 미래가 온다, 바이러스
김성화·권수진 글 | 이강훈 그림

05 미래가 온다, 인공 지능
김성화·권수진 글 | 이철민 그림

06 미래가 온다, 우주 과학
김성화·권수진 글 | 김영곤 그림

07 미래가 온다, 게놈
김성화·권수진 글 | 조승연 그림

08 미래가 온다, 인공 생태계
김성화·권수진 글 | 김진화 그림

09 미래가 온다, 미래 에너지
김성화·권수진 글 | 이철민 그림

10 미래가 온다, 서기 10001년
김성화·권수진 글 | 최미란 그림

11 미래가 온다, 플라스틱
김성화·권수진 글 | 백두리 그림

12 미래가 온다, 기후 위기
김성화·권수진 글 | 허지영 그림

13 미래가 온다, 신소재
김성화·권수진 글 | 권송이 그림

14 미래가 온다, 스마트 시티
김성화·권수진 글 | 원혜진 그림

15 미래가 온다, 매직 사이언스
김성화·권수진 글 | 백두리 그림

16 미래가 온다, 심해 탐사
김성화·권수진 글 | 김진화 그림

17 미래가 온다, 탄소 혁명
김성화·권수진 글 | 백두리 그림

18 미래가 온다, 메타버스
김성화·권수진 글 | 이철민 그림

19 미래가 온다, 미래 식량
김성화·권수진 글 | 박정섭 그림

20 미래가 온다, 대멸종
김성화·권수진 글 | 이철민 그림

각 권 15,000원